DE
L'ORDRE

DANS

LA RÉPUBLIQUE,

PAR

VILLEGARDELLE.

PRIX : 25 CENTIMES.

BORDEAUX,

Imprimerie de Cruzel, rue des Ayres, 28.

1848.

AVIS.

L'opuscule qu'on va lire est un résumé extrait des différents écrits
politiques que M. Villegardelle a publiés dans ces huit dernières
années. En attendant la réimpression en un seul volume de tous ces
travaux importants dans lesquels l'auteur n'a jamais cessé de récla-
mer l'application des principes républicains, nous avons pensé qu'il
était utile et opportun d'en donner un résumé. Ce petit écrit, dans
lequel domine l'idée d'*ordre* et d'organisation, servira à éclairer les
uns et à rassurer les autres.

DE L'ORDRE

DANS LA RÉPUBLIQUE.

On vit toujours un petit nombre d'hommes s'emparer en vainqueurs du gouvernement des nations sans les consulter, et se hâter de faire des réglements dans lesquels l'intérêt des chefs était l'objet principal, lors même qu'on semblait se proposer l'intérêt des gouvernés. A part quelques peuplades en général peu nombreuses, qui ont pu se concerter et prendre des garanties contre les entreprises de leurs conducteurs et *pasteurs*, les autres nations ont été violemment agglomérées sous la verge du despotisme. Les hommes se sont donc trouvés pris et comme garottés dans un état social donné, plutôt qu'ils n'ont eu l'idée et les moyens de se *réunir* pour chercher un état meilleur. Des ordres ont été signifiés au peuple, avant qu'il ait pu demander des *lois*. S'il a quelquefois, à force de réclamations, obtenu quelques réglements favorables à ses intérêts, on peut assurer qu'alors, il a été fait droit à sa demande, non parce qu'elle était juste, mais parce qu'il était impossible de faire autrement. En un mot, ce n'est qu'à la dernière extrémité que les pouvoirs établis consentent à être justes.

Quelques personnes ont paru s'étonner que les gouvernements aient toujours accueilli avec défaveur les divers plans proposés pour assurer le *droit au travail* ; mais elles devraient savoir que ce n'est pas là leur premier métier. « Les pouvoirs, ai-je dit, ne se sont jamais occupés que d'organiser la levée des impôts et la force armée. » *Accord des intérêts dans l'assoc.*, chap. 1. J'en excepte pourtant quelques établissements utiles dont ils n'ont jamais pris l'initiative. Qu'on veuille bien remonter à l'origine des institutions humaines, et se rappeler que les premières réunions concertées, les premières *associations* ont eu lieu entre des brigands, des conquérants, non pour travailler à la production des richesses, mais pour s'abattre sur la récolte venue et la bête engraissée (homme ou gibier). C'est longtemps après que les propriétaires fonciers cultivateurs, ou mieux encore ceux qui faisaient cultiver leurs champs par des bras étrangers, ont pu faire partie de la puissance publique, dont l'action est enfin devenue plus régulière et plus douce, quoiqu'à vrai dire, elle ait bien conservé quelque chose de son caractère originel. Quand à la masse des travailleurs, on sait que tour à tour esclaves, serfs ou salariés, ils n'ont jamais fait partie de l'association politique ; et ce qu'il y a de cruellement plaisant, c'est que lorsqu'il leur prend l'honorable fantaisie de devenir citoyens à leur tour, lorsqu'ils veulent entrer dans la société, on dit qu'ils veulent la renverser. Eh ! non messieurs, ils ne veulent pas détruire la société, ils veulent en faire partie, et de plus ils se chargent de vous prouver que leur abonnement est déjà payé au centuple par les prélévements que vous vous donnez la peine de faire sur le produit de leur travail.

En donnant à l'organisation politique l'origine et le caractère que je viens de signaler, je ne fais que résumer l'opinion de quelques historiens ou publicistes, sur l'autorité desquels je m'appuie avec d'autant plus de confiance, qu'ils ne désiraient pas la réformation de la société dont ils étudiaient les vices.

D'après tout ceci, on doit comprendre pourquoi toute la sollicitude des puissances de ce monde a dû se porter sur la défense du territoire envahi, afin de ne pas voir passer sous une domination étrangère, la garde des troupeaux humains. Nous devons au despotisme, et c'est là le violent service qu'il aura rendu, les premiers exemples d'organisations administrative, militaire et religieuse. L'idée d'en faire l'application à la défense des intérêts et des droits négligés n'a dû venir aux peuples que beaucoup plus tard. Il fallait que les hommes fussent attelés sous le joug, pour s'aboucher et se concerter sur les moyens de le secouer. Ils auront appris à être *uns* par la domination violente des tyrans, avant d'être *uns*, comme le veut St-Paul, par le concours même de leurs volontés. C'est à la réalisation de ce dernier vœu qu'ont travaillé tous les défenseurs des principes démocratiques, depuis la Boétie, Buchanau, Harrington, Sidney, Locke... Jusqu'à J.-J. Rousseau et les auteurs de la révolution française. Mais ce n'est pas sans de grands efforts et d'immenses sacrifices, qu'il sera possible de faire entrer dans le domaine de la politique, ces admirables préceptes de Jésus-Christ : « Les princes des nations les dominent et les grands les traitent avec empire : il n'en doit pas être de même parmi vous ; mais que celui qui voudra devenir plus grand soit *votre serviteur*». St.-Math. Voilà plus de dix-huit cents ans que ces règles sublimes de politique sociale ont assigné aux gouverneurs des nations leur véritable rôle de *mandataires* et de *serviteurs*. Confucius, Cicéron et d'autres philosophes ont proclamé la même doctrine. Qu'en avons nous tiré? a-t-on établi ces institutions dans lesquelles disait Tite-Live : « L'empire des lois serait plus puissant que celui des hommes? » Peut-on même appeler *lois* les règlements de nos sociétés, si l'on admet avec Cicéron que la loi est ce qui est juste, et que la justice est conforme à l'intérêt du plus grand nombre *.

S'il est pourtant un axiome reconnu en politique, c'est sans contredit celui-ci, que la loi doit se former par le consentement du peuple. *Consensu populi fit lex.* On dit même que la voix du peuple et la voix de Dieu, tandis qu'on n'a jamais dit, fait observer finement Harrington, que la voix d'un prince soit aussi la voix de Dieu. Ce qui n'empêche pas qu'on refuse au peuple l'exercice des droits les moins contestés par les écrivains politiques de tous les temps. Le docteur Price, ne fait que résumer l'opinion de presque tous les publicistes quand il dit : « Tout gouvernement est illégitime, s'il est l'empire de quelques hommes sur d'autres hommes. » On recule toujours devant l'application de principes aussi justes, sous prétexte que les peuples ne sont pas assez éclairés ; comme s'il fallait tant de science pour comprendre *ses intérêts* et choisir les hommes qui peuvent les faire prévaloir. Comme si même dans les questions d'art et de science qui ne sont pas aussi simples que les questions de justice et d'intérêt, le peuple ne savait pas donner la préférence à ceux qui ont le talent

---

* Histoire des Idées Sociales, Introd., édit. de 1846.

de satisfaire ses besoins et ses goûts. La masse n'a besoin pour bien choisir, que de voir les *résultats* et non les *procédés*. Elle juge l'homme à ses fruits. *A fructibus eorum cognoscetis eos.* Évang.

Au reste, ceux qui feignent de ne pas croire à la clairvoyance des masses, agissent comme s'ils la redoutaient. Il n'est pas bien sûr, en effet, que les abus et les dilapidations seraient aussi praticables, si les travailleurs n'étaient pas imposés *sans leur consentement*. Il est à présumer qu'il n'y aurait plus d'impôts indirects sur les denrées de première nécessité, et qu'avec les octrois et les douanes disparaîtraient et le *timbre* et le *cautionnement* et toutes les entraves qui arrêtent la libre émission des idées.

Il est faux de dire que, même dans l'hypothèse d'un impôt unique (système de Quesnay, Turgot, Mercier, etc.), le peuple ne contribue pas aux charges de la société, car il est facile de démontrer, comme Brissot en a fait la remarque dans une brochure de 1787, que le peuple achète largement le droit d'élire ses législateurs et ses magistrats. L'impôt dont il s'agit porte à la vérité sur les productions de la terre, mais si le propriétaire les vend, le consommateur les achète, et c'est ce dernier qui véritablement paye l'impôt : car, le propriétaire, à la valeur originelle de son blé joint la taille qu'il a payée et la fait entrer dans le prix de son blé. Tout citoyen qui consomme paye donc l'impôt à l'état; il a donc droit, même dans le cas où il y aurait des publicistes assez absurdes pour adopter le système inique du *cens* électoral, de voter pour l'élection des citoyens qui doivent connaître des impositions. On voit par là que le peuple ne peut être ni obligé ni imposé par une loi sans y avoir consenti. C'est, au reste, ce qu'ont toujours demandé les partisans d'une réforme *radicale*; mais peut-être ne connaît-on pas assez les conséquences qu'entraînerait invinciblement cette première réforme. Le droit de suffrage prime tellement toute autre question, que sans cette garantie politique donnée aux citoyens, une révolution même doit avorter et ne rien produire de durable. Nous devrions, il me semble, en savoir quelque chose *. *Histoire des Idées Sociales.*

Cependant, il s'est de tout temps rencontré des esprits clairvoyants qu'a révolté l'opposition que je viens de signaler entre l'intérêt des législateurs et celui des gouvernés. Ces généreux penseurs ont même quelquefois osé dévoiler le vice intérieur des institutions sociales, et se porter défenseurs de tous les droits méconnus. Il va sans dire que le dédain, la raillerie ou la persécution furent la récompense habituelle de leur noble témérité, mais on les vit tout braver pour prendre en main la cause des faibles, des pauvres, des opprimés, de tous ceux enfin qui, selon la remarque de Rousseau, n'ont pas de places à distribuer. Voilà les hommes indépendants qui savent résister au misérable désir de jouer un rôle, pour chercher avec plus d'ardeur les vérités dont les législateurs feront leur profit.

Je sais qu'on a traité de vains et de chimériques les plans de tous ceux qui ont voulu établir le gouvernement sur la base du bien public. On a cru faire assez pour ces théories généreuses en les appelant les *rêves des honnêtes gens.* C'est déjà ma foi, un assez bel éloge, et si l'on avoue que la société idéale des réformistes ne peut être que l'inspiration d'un cœur honnête, je ne vois pas ce qui

---

* Je faisais ici allusion à la grande mystification politique de 1830.

reste de si honorable dans les principes dont s'autorise la société *positive*. On sera bien surpris un jour, qu'on ait pu faire réussir autre chose qu'un état social fondé sur les besoins, les vœux et le *consentement du plus grand nombre* (même ouvrage).

« Quelles que soient l'importance et la justice du droit de suffrage, n'allons pas nous laisser persuader que la science politique soit tout entière dans l'exercice de ce droit. Le peuple a sans doute, comme disent Aristote, Machiavel et Montesquieu, un merveilleux instinct pour faire de bons choix. Il doit donc élire ses législateurs et ses magistrats, mais n'oublions pas que les lois sont au-dessus des magistrats et que la *loi est ce qui est juste*. Il y a donc des vérités dont il faut *s'instruire*; une science du juste, un *art* d'appliquer les principes de cette science. Voilà le rôle sublime du législateur; l'auteur du *contrat social* en reconnaît toute l'importance et la grandeur : « Ce qui est bien, dit-il, et conforme à l'ordre, est tel par la nature des choses, et indépendamment des conventions humaines. » Liv. 2, ch. 6. C'est pour avoir cherché avec ferveur cet ordre naturel, contrarié souvent par nos institutions, que Rousseau est grand parmi tous les écrivains. Tout ce que je veux conclure de ces observations, c'est que si l'élection est le seul mode légitime de constituer le pouvoir, elle ne suffit pas pour en connaître l'emploi et les différentes attributions. Ceci rentre plus spécialement dans le domaine de l'économie sociale. Elle doit organiser les fonctions primordiales de l'humanité, assigner la sphère de chacune d'elles et leur délimitation naturelle. C'est à la division, à l'*organisation* du travail qu'il est bon d'appliquer le principe : *chacun chez soi*, principe dont l'égoïsme le plus imprévoyant a fait une application odieuse qui tendait à détruire entre les hommes tout lien de solidarité et de fraternité.

La question brûlante et capitale que je viens de signaler, *l'organisation du travail*, va attirer toute la sollicitude du gouvernement et de l'assemblée nationale. Il n'appartient à aucun de nous, réformistes, d'oser trancher une question sur laquelle se sont exercés dans le passé, et vont avoir à se prononcer dans un avenir très-prochain, des hommes éminents. J'ai voulu seulement faire connaître dans quelques travaux presque ignorés d'érudition les différents systêmes proposés pour assurer à tous les membres de la famille humaine le travail et l'éducation, le *pain du corps et de l'âme*. Le temps, l'expérience, les lumières acquises, seront le triage des systêmes et des hommes. Je garde mon rôle modeste d'historien, et voici les seules réflexions que je me permettrai de faire à cet égard, mais sans y insister.

En étudiant les divers plans de réforme qui se sont produits depuis Platon jusqu'à nous, il m'a semblé que le système social qui avait pour lui la tradition la plus imposante, puisqu'elle part des premiers chrétiens et des pères de l'église et se continue jusqu'à Morus, Fénélon, Mably, Morelly, etc., était aussi l'idéal de justice le plus épuré qui ait été apporté au monde. Mais c'est précisément parce qu'elle suppose dans nous tous une moralité, une pureté de cœur et des vertus sublimes auxquelles nous ne pourrons peut-être jamais atteindre, qu'en pratique je n'ai pas cru devoir me décider pour l'application de cette belle utopie. Qu'on me permette de citer ici les passages de l'*Accord des intérêts dans l'association*, publié en 1844, qui m'ont attiré quelques critiques d'ailleurs bienveillantes, soit de la part de mes anciens condisciples attachés à l'école de Fourier, soit de ceux de l'école dirigée par le vénérable M. Cabet. Mais avant de mettre ces textes sous les yeux du lecteur, je dois donner un mot d'éclaircissement sur le point précis de la discussion. On sait que le système de la communauté rejetant toute idée de salaire, soit égal, soit inégal, admet pour la distribution des travaux que chacun doit travailler *selon ses forces*, et pour la répartition des produits, que chacun peut recevoir *selon ses besoins*, dans la mesure, bien entendu, des ressources de la communauté. On spécule dans cette hypothèse, sur la moralité, la bonne volonté, et tous les généreux sentiments d'honneur, de *devoir*, qu'une éducation vraiment républicaine pourra sans doute développer, à la longue, dans tous les cœurs ; mais sur lesquels il m'a paru très chanceux, très imprudent de compter pour faire accomplir les travaux pénibles et répugnants.

Au reste, il faut reconnaître que cette solution du problême social s'appuye sur plusieurs textes de l'Évangile et sur les développements éloquents qui leur ont été donnés par une suite non interrompue de généreux penseurs, parmi lesquels ont brillé Morus, Mably et Morelly. Certes, si l'autorité des grands noms suffisait pour rendre praticable une doctrine sociale, j'aurais dù m'abstenir d'émettre les doutes, et de faire les réserves contenues dans ce passage que je soumets pour la seconde fois au jugements des lecteurs : « Je dois admettre, dis-je, *Accord des intérêts*, ch. 2, 1844, qu'avec nos habitudes, nos institutions et tous nôs préjugés, la vie fraternelle n'est pas d'une application immédiate, et qu'il serait imprudent de laisser chacun libre de prendre dans le fonds commun selon ses besoins : mais alors, il ne reste plus qu'à donner un salaire, des appointements, ou un *crédit* ouvert aux travailleurs. Nous sommes déjà faits à ce mode de rétribution, et pourvu que l'égalité des conditions ne soit pas violée, on peut l'adopter sans trop d'inconvénients. Un salaire, déterminé par les conditions mêmes du travail, offrirait peut-être plus de sécurité aux travailleurs, parce que, sans dépasser leur pécule, ils auraient la faculté de satisfaire, comme ils l'entendraient, la variété de leurs besoins ou de leurs goûts. » Pag. 58.

L'idée qui me préoccupait, surtout, en écrivant ces lignes, était de concilier la *liberté individuelle* du fonctionnaire avec l'*ordre* et l'organisation régulière des travaux, sans lesquels nulle société ne peut vivre et se soutenir long-temps. Je pensais alors, et les objections qu'on a pu me faire n'ont servi qu'à me confirmer dans mon opinion, qu'il serait possible d'atteindre le but désiré, en accordant aux divers fonctionnaires un traitement qui soit réellement la *preuve* et le *prix* du travail. Mais ceci ne préjuge rien sur la question de savoir s'il y aura inégalité entre les appointements accordés aux différentes fonctions sociales. Je dirai donc que, cherchant avant tout, ce qui est immédiatement applicable, et ne voulant pas discuter ici les arguments ingénieux employés par les partisans du régime *égalitaire*, il serait prudent et convenable, tout en rejetant la monstrueuse inégalité qui a toujours existé sous le règne du favoritisme, de laisser encore une certaine inégalité désirable pour ne pas décourager le zèle en encourageant la paresse. Je me hâte d'ajouter, que sous un régime de liberté, lorsque les places sont mises au concours, l'égalité de droits et de conditions respectée, et l'éducation abondamment et gratuitement répandue, il y aurait bientôt, par le seul fait du libre concours, une inégalité décroissante et plus sensible qu'on ne le croit généralement.

Pour compléter ce que j'ai à dire sur cette matière épineuse, que je n'ai certainement pas la prétention d'épuiser, qu'il me soit encore permis de reproduire un passage de l'ouvrage déjà cité : « Il y a, dit-on, des travaux pénibles ou répugnants qui seront négligés. Distinguons d'abord parmi ces travaux, s'il en est qu'on puisse mettre au nombre des corvées, s'ils exposent réellement la santé ou la vie des individus ; il est clair que pour ceux-là on doit forcément adopter la règle : tout citoyen depuis l'âge de... jusqu'à l'âge de... est obligé d'exercer telle ou telle fonction. Chez nous le service militaire est dans ce cas, et si quelques-uns échappent à la loi commune, c'est que l'égalité des conditions est violée. *Accord des intérêts*, ch. 3. — Pour les autres travaux que la vocation ne fait pas spontanément embrasser, il reste l'appât d'un salaire plus fort. « Alors, disais-je plus loin, page 98, si l'administration s'aperçoit que certaines fonctions utiles sont négligées, elle peut rappeler les travailleurs à ces fonctions par une augmentation de la paye. Il y aurait dans cette hypothèse *hausse* ou *baisse* dans le taux du salaire attaché à tel travail donné, selon que ce travail serait plus ou moins demandé. L'estimation *selon l'offre et la demande* aurait lieu à l'égard du *travail*, et cette règle, que les économistes appliquent à l'estimation des valeurs, trouverait ici son application. Le salaire pourrait être, on le voit, dans les mains d'une gérance habile, comme un poids qu'elle mettrait tantôt d'un côté de la balance, tantôt de l'autre, afin de maintenir l'équilibre et l'équivalent des fonctions, d'égaliser les chances entre les travailleurs, et de pourvoir enfin à tous les besoins de la production générale ». Même ouvrage.

Il serait difficile d'être plus explicite dans un opuscule

de quelques pages. Le résumé succinct que je viens de faire suffira pour démontrer que la combinaison à laquelle je m'étais arrêté en 1844, dans l'*Accord des intérêts,* est puisée en partie dans les *tendances* des sociétés modernes. Il n'existe plus, en effet, dans ce projet, de concurrence entre les instruments de production, puisque la République ne s'en dessaisit jamais, et qu'il y a par cela même, dans son sein, assurance générale et solidarité d'intérêts entre tous les employés ; mais il reste encore, comme on le voit, une concurrence émulative entre les travailleurs. Je crois même pouvoir assurer que cette loi économique dont je parlais, cette *baisse* et cette *hausse* de la paye, suivant le nombre de travailleurs qui se présentent dans chaque spécialité, ne disparaîtra probablement pas de long-temps. Je ne décrirai pas le rôle qu'elle doit jouer encore dans le monde, pour maintenir un certain équilibre entre les divers centres de population. Un volume n'épuiserait pas cette question immense, que je pourrai reprendre et développer un jour.

Il me reste à terminer cette brochure par les mêmes idées qui se trouvent au dernier chapitre de mon plus récent écrit : l'*Histoire des idées sociales,* car j'ai du moins le bonheur, après le triomphe des principes républicains que je n'ai cessé de proclamer depuis dix ans, de n'avoir pas à faire de nouvelles et brusques professions de foi. J'achèverai avec calme, et je puis le dire, avec dignité, un travail commencé depuis long-temps, laissant aux énergumènes le soin de faire éclater bruyamment leur conviction de fraîche date, et désirant conserver dans mes paroles toute la sérénité de ma joie. Je voudrais, aujourd'hui qu'il n'y a plus ni péril ni originalité à proclamer la justice en face de l'iniquité, retrancher de mes

écrits les traits d'amère ironie et d'impatiente irritation,
bien excusables pourtant, si l'on veut songer qu'ils furent lancés dans une époque où les gens qui se donnaient
la peine et le ridicule de penser n'obtenaient jamais l'impunité de leur bon sens.

Je reprends mon analyse raisonnée : « Il s'agirait, disais-je page 215, dans l'état présent des choses, non
d'attaquer la propriété, mais d'en rendre l'exercice moins
préjudiciable aux intérêts de la masse. A cet effet on a
proposé : de favoriser tout moyen d'acquérir fondé sur le
travail, de supprimer autant que faire se peut tout privilège qui favorise l'oisiveté, de faire porter les impôts
sur les fonds productifs, et de dégréver d'autant la consommation et le travail de l'ouvrier. » Au nombre des
abus et des désordres que je signalais dans notre régime
économique, on doit mettre : « L'inégale et aveugle distribution des impôts, plus sensible dans les états monarchiques et aristocratiques ; les profits excessifs de la finance, toujours faits aux dépens des travailleurs ; enfin
tout moyen hasardeux d'augmenter ses possessions, sans
avoir donné à la société quelque équivalent en travail ».
ibid, page 216.—Ne pouvant qu'indiquer en passant les
mesures de l'ordre économique, j'en reviens, pour finir,
aux mesures purement politiques, sur lesquelles j'ai toujours insisté, comme on peut le voir dans ce passage de
l'Histoire des idées sociales, auquel je n'ajouterai aucun
commentaire :

« N'oublions pas que pour protéger et même provoquer toutes les réformes de l'ordre économique, il reste
à prendre des mesures politiques sans lesquelles quelques-uns de ces changements partiels ne seraient pas sans
danger, si l'état ne reposait toujours que sur le concours

et le consentement d'une *minorité*. Les garanties politiques sur lesquelles les réformistes insistent le plus, et avec
raison, sont : 1° que le pouvoir exécutif soit tenu dans
la dépendance de la puissance législative ; 2° que celle-ci
repose à son tour sur la *pluralité* des suffrages et sur le
consentement de tous les citoyens ; 3° que les magistrats,
élus et révocables aussi bien que les législateurs, n'aient
jamais assez de puissance pour corrompre la législature.
Car l'histoire est remplie d'hommes riches à qui on a vendu
le privilége de violer les lois, ou de soldats heureux qui
l'ont usurpé. C'est donc un cercle perpétuel de corruption
et d'oppression dont les peuples ne pourront jamais sor-
tir, s'ils n'obtiennent pas le droit de participer par leur
suffrage à la législation de la société dont ils font partie. »

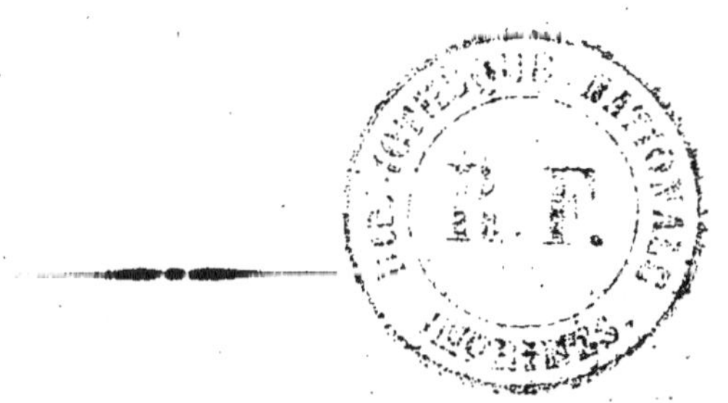

www.ingramcontent.com/pod-product-compliance
Lightning Source LLC
Chambersburg PA
CBHW050739070726
47597CB00009B/3988